AF359088

MUSÉE PÉDAGOGIQUE
ET
BIBLIOTHÈQUE CENTRALE DE L'ENSEIGNEMENT PRIMAIRE

MÉMOIRES

ET

DOCUMENTS SCOLAIRES

PUBLIÉS PAR LE MUSÉE PÉDAGOGIQUE

Fascicule N° 33.

DEUX MINISTRES PÉDAGOGUES
M. GUIZOT ET M. FERRY

LETTRES
ADRESSÉES AUX INSTITUTEURS PAR LE MINISTRE DE L'INSTRUCTION PUBLIQUE
En 1833 et en 1883

Avec une introduction par M. Félix PÉCAUT

PARIS

Aux bureaux de la Revue pédagogique
CH. DELAGRAVE,
ÉDITEUR,
Rue Soufflot, 15.

HACHETTE ET Cie,
ÉDITEURS,
Boulevard Saint-Germain, 79.

MÉMOIRES ET DOCUMENTS SCOLAIRES

PUBLIÉS PAR LE MUSÉE PÉDAGOGIQUE

Sous le titre de **Mémoires et documents scolaires**, le Musée pédagogique publie, à intervalles irréguliers, des travaux ou documents intéressant l'instruction publique à ses divers degrés. Les fascicules suivants ont déjà paru et sont en vente aux bureaux de la *Revue pédagogique*, librairie Ch. Delagrave, 15, rue Soufflot, à Paris, et à la librairie Hachette et Cie, 79, boulevard Saint-Germain :

Fascicule n° 1 :

Le projet de loi sur l'organisation de l'enseignement primaire (1882-1884), recueil de documents parlementaires relatifs à la discussion de cette loi à la Chambre des députés. Un fort volume in-8° de xii-832 pages. Prix . . . . **6ᶠ »**

Fascicule n° 2 :

Une acquisition de la bibliothèque du Musée pédagogique : *Dialogus Jacobi Fabri Stapulensis in phisicam introductionem. Introductio in phisicam Aristotelis;* in-quarto, imprimé en 1510 chez Jean Haller, à Cracovie. Etude bibliographique et pédagogique, par *L. Massebieau* (Extrait de la *Revue pédagogique*, n° du 15 mai 1885). Une brochure in-8°. Prix **0ᶠ 50**

Fascicule n° 3 :

Répertoire des ouvrages pédagogiques du XVIᵉ siècle *(Bibliothèques de Paris et des départements).* Un volume in-8° de 700 pages, imprimé à l'Imprimerie nationale. Prix . . . . **6ᶠ »**

Fascicule n° 4 :

L'enseignement expérimental des sciences à l'école normale et à l'école primaire, par *René Leblanc* (Extrait de la *Revue pédagogique*, nᵒˢ du 15 février et du 15 mai 1883, et du 15 août 1885). Une brochure in-8°. Prix **0ᶠ 80**

Fascicule n° 5 :

Compte rendu officiel du Congrès international d'instituteurs et d'institutrices, tenu au Havre du 6 au 10 septembre 1885. Un volume in-8° de 212 pages, imprimé à l'Imprimerie nationale. Prix . . . . **2ᶠ »**

Fascicule n° 6 :

Règlements et programmes d'études des écoles normales d'instituteurs et d'institutrices. Un volume in-8° de 126 pages, imprimé à l'Imprimerie nationale. Prix **1ᶠ 25**

Fascicule n° 7 :

Schola Aquitanica : Programme d'études du collège de Guyenne au XVIᵉ siècle, réimprimé avec une préface, une traduction française et des notes par *L. Massebieau.* Une brochure in-8°. Prix. **1ᶠ 80**

Fascicule n° 8 :

Instruction spéciale sur l'enseignement du travail manuel dans les écoles normales d'instituteurs et les écoles primaires élémentaires et supérieures. Une brochure in-8°, imprimée à l'Imprimerie nationale. Prix **0ᶠ 70**

DEUX MINISTRES
PÉDAGOGUES

M. GUIZOT ET M. FERRY

LETTRES

ADRESSÉES AUX INSTITUTEURS PAR LE MINISTRE DE L'INSTRUCTION PUBLIQUE

en 1833 et en 1883

AVEC UNE INTRODUCTION

PAR

M. Félix PÉCAUT

INSPECTEUR GÉNÉRAL DE L'INSTRUCTION PUBLIQUE

PARIS

<table>
<tr><td>CH. DELAGRAVE,
ÉDITEUR,
Rue Soufflot, 15</td><td>HACHETTE ET Cie.
ÉDITEURS,
Boulevard Saint-Germain, 79.</td></tr>
</table>

1887

INTRODUCTION

Le Musée pédagogique de l'enseignement primaire réunit
dans une même publication les lettres adressées directement
aux instituteurs, à cinquante ans d'intervalle, par deux ministres
de l'instruction publique, M. Guizot et M. Ferry. De ces deux
documents, le premier était à peu près oublié, et l'on avait de
la peine à se le procurer en librairie; l'autre, plus récent,
n'avait guère dépassé le cercle des gens d'école, et le souvenir
s'en effaçait peu à peu avec celui des circonstances difficiles où
il avait paru. Rapprochés l'un de l'autre, ils n'ont pas seulement l'avantage de marquer nettement des dates considérables
de l'histoire de l'éducation; ils éclairent aussi d'une vive lumière
deux époques de notre histoire morale, deux états de l'esprit
public à la fois différents et semblables, plus semblables encore
que différents. Tous ceux qui parmi nous prennent plaisir à
observer derrière les événements extérieurs la suite cachée
des événements intérieurs se plairont à relire ces lettres, d'allure
si modeste et de portée si vaste.

I

On sait à quelle occasion M. Guizot écrivit la sienne. La loi
de 1833 venait d'être promulguée; elle fondait pour la première
fois d'une manière effective « l'universalité de l'instruction primaire » en France. Une école par commune avec un maître spécial, les instituteurs libres d'exercer leur profession dans tout le
royaume, soumis « à des autorités compétentes et désintéressées »,

assurés d'une rétribution fixe, dispensés du service militaire : des écoles normales créées dans tous les départements : autant de nouveautés hardies, conçues depuis longtemps, mais qui, transportées enfin dans l'ordre des faits, devenaient une des grandes forces constituées du pays. M. Guizot ne jugea pas indigne de lui de porter directement à la connaissance des instituteurs cette « Charte de l'instruction primaire », et de leur expliquer, d'après ce texte, leurs droits et leurs devoirs.

Dans cette instruction, grave à la fois et familière, d'un ton si haut et d'une parfaite précision de traits pratiques, il n'y a pas une ligne qui ne mérite d'être remarquée. Mais nous ne voulons relever ici que la partie qui touche à la question de l'éducation morale : c'est la plus importante aux yeux du ministre, et la seule que doit traiter plus tard M. Ferry.

Personne ne s'étonnera que M. Guizot parle aux maîtres primaires en philosophe et en professeur, aussi bien qu'en homme d'État ; il ne parlait jamais autrement. Mais il y a, croyons-nous, plus d'intérêt pour les lecteurs de nos jours à voir combien ce ministre d'un État monarchique, l'un des principaux chefs du parti conservateur, se montre libéral, profondément et hardiment libéral dans la question de l'instruction populaire. Si la loi veut que « tous les Français » acquièrent, autant que possible, les connaissances indispensables à la vie sociale, — et le programme de ces connaissances était déjà assez étendu, — c'est d'abord parce que « sans elles l'intelligence languit et quelquefois s'abrutit » ; c'est aussi dans « l'intérêt public, parce que la liberté n'est assurée et régulière que chez un peuple assez éclairé pour écouter en toutes circonstances la voie de la raison. *L'instruction primaire universelle est désormais une des garanties de l'ordre et de la stabilité sociale.* » M. Guizot, fidèle à ses habitudes d'historien philosophe, nous découvre le fond de sa pensée politique dans une phrase qui est, à elle seule, la plus fière profession de foi libérale : « Tout dans les principes de notre gouvernement étant vrai et raisonnable, développer l'intelligence, propager les lumières, c'est assurer l'empire et la durée de la monarchie constitutionnelle. »

Le même esprit hardi et décidé se montre dans la manière dont il définit le caractère de l'instituteur et celui du prêtre. Il met en quelque sorte de pair ces deux magistrats spirituels, en des termes qui offenseraient, même aujourd'hui, les prétentions ecclésiastiques : « Tous deux sont *revêtus d'une autorité morale; tous deux ont besoin de la confiance des familles; tous deux peuvent s'entendre pour exercer sur les enfants, par des moyens divers, une commune influence.* »

Ces lignes s'écrivaient, ne l'oublions pas, en 1833. En les lisant, on voit apparaître clairement, dès la fondation régulière de l'instruction primaire, la rivalité entre les deux influences constituées, toutes deux spirituelles, qui vont se déployer sur le même terrain. M. Guizot n'a garde, dans les sages conseils de conduite qu'il donne aux instituteurs, de subordonner l'une à l'autre. Il sait trop bien, comme il l'a dit ailleurs, dans un article célèbre *(Catholicisme, protestantisme, philosophie)*, que ces rivalités ne sont pas un accident passager, ni un effet de la malignité des temps, qu'elles ont leur raison dans l'histoire et dans la nature même des choses; qu'il faut donc prendre son parti de la coexistence irréductible de deux systèmes très différents d'éducation spirituelle, l'un « raisonnable », ainsi que le régime séculier dont il émane, c'est-à-dire fondé sur la raison, sur la nature humaine, sur les conditions réelles de la vie humaine; l'autre fondé sur la tradition et l'autorité; et que ce serait chimère d'espérer la conciliation ou la subordination volontaire. M. Guizot voit mieux que personne que cette rivalité est toujours près de dégénérer en conflit. A cet égard, son témoignage est particulièrement instructif. Pour amortir les chocs et rendre la cohabitation possible, il ne sait qu'en appeler à la sagesse des instituteurs et à leur respect pour « un ministère qui représente ce qu'il y a de plus élevé dans la nature humaine ». Mais comme, malgré tous les ménagements, il peut arriver « que par quelque fatalité le ministre de la religion refuse à l'instituteur une juste bienveillance, celui-ci ne *devra pas s'humilier* pour la *reconquérir;* il s'appliquera plutôt à la mériter par sa conduite. C'est au succès de son école à désarmer des préventions injustes... *Il doit éviter l'hypocrisie à l'égal de l'impiété...* Enfin, rien d'honorable ne lui coûtera pour réaliser cette union, sans laquelle nos efforts pour l'instruction populaire seraient souvent infructueux. »

C'est assurément là un noble langage, digne d'un gouverne-

ment libre, et où se découvre la prudence de l'homme d'État, qu
a mesuré toutes les difficultés d'une situation infiniment com-
plexe. Mais comment ne pas voir que si cette « union », tant
désirable pour le succès de « l'instruction primaire universelle »,
avait beaucoup de peine à se réaliser en 1833, dans un État conservateur et en quelque mesure oligarchique, elle deviendra dans
la suite de plus en plus impossible, lorsque l'enseignement primaire, constitué de toutes pièces et établi dans toutes les communes du territoire, aura pris conscience de lui-même, de son but,
de ses principes, de ses moyens, enfin de sa force ! On peut déjà
prévoir qu'à un état de discorde intime et incessante il n'y aura
d'autre remède possible que l'entière séparation, l'État laïque se
mettant enfin à enseigner la morale dans ses écoles selon son
esprit propre et sa méthode. Le rapport présenté en 1840 par
Jouffroy à l'Académie des sciences morales sur le concours ouvert en
1838, qui avait pour objet les réformes à introduire dans le régime
des écoles normales, témoigne qu'après une courte expérience de
sept années la situation s'était déjà notablement aggravée.

Au reste la lettre de M. Guizot, dans sa partie pédagogique,
semble annoncer cinquante ans à l'avance la lettre de M. Ferry,
qui, de son côté, lui fait écho. L'une et l'autre relèvent avec une
égale insistance le droit et le devoir de l'instituteur en ce qui
concerne l'éducation morale ; l'une et l'autre font de l'humble
maître primaire un vrai pasteur des âmes ; si bien que l'on ne
saurait mieux qualifier ces deux épîtres officielles que du nom
de mandements laïques. On peut même dire que le ministre du
roi, dans des circonstances moins troublées, et tenu à moins
de réserves, s'exprime avec plus de force, de netteté, d'autorité que le ministre de la République, en exposant à l'instituteur
l'importance de sa tâche et l'étendue de sa responsabilité.

« L'éducation morale, lui dit-il, est toute en vous... En vous
confiant un enfant, chaque famille vous demande de lui rendre
un honnête homme ; et le pays, un bon citoyen..... Que l'instituteur *ne craigne pas d'entreprendre sur les droits des familles*
en donnant ses premiers soins à la *culture intérieure de l'âme.* »
— Et comment M. Guizot définit-il cet enseignement séculier ?
« Il n'est au profit d'aucune secte, d'aucun parti ; » il consiste à
inculquer « ces principes impérissables de morale et de raison,

sans lesquels l'ordre est en péril, à jeter dans de jeunes cœurs
des semences de vertu et d'honneur que l'âge et les passions
n'étoufferont jamais. »

Vertu, honneur, principes éternels de raison, qu'il ne faut pas
demander aux sectes ni aux partis, voilà un programme, voilà
une profession de foi qui se feront entendre souvent vers la fin
du siècle, mais jamais en termes plus explicites, ni d'un accent
plus net que dans la bouche de M. Guizot. Ajoutons que cette
instruction laïque et indépendante, M. Guizot ne la sépare pas de
la foi religieuse, également laïque et libre. « La prospérité de
l'instruction primaire a partout été inséparable d'une pensée
religieuse... C'est la gloire de l'instituteur de ne prétendre à
rien au-dessus de son obscure et laborieuse condition, de s'é-
puiser en sacrifices à peine comptés de ceux qui en profitent, de
travailler enfin pour les hommes et de n'attendre sa récompense
que de Dieu... Puissiez-vous, Monsieur, trouver dans de telles
espérances, dans ces croyances dignes d'un esprit sain et d'un
cœur pur, une satisfaction et une constance que peut-être la
raison seule et le seul patriotisme ne vous donneraient pas!...
La foi dans la Providence, la sainteté du devoir, la soumission
à l'autorité paternelle, le respect dû aux lois, au prince, aux droits
de tous, tels sont les sentiments que le maître s'attachera à développer. » Une morale de raison, consacrée par des croyances religieuses de raison, c'est tout le fond de la lettre, en ce qui regarde
l'éducation : ce sera aussi le fond du programme composé par
le Conseil supérieur de 1883, que M. Ferry envoie aux instituteurs en les exhortant à le prendre pour guide.

Avant de quitter M. Guizot, ne nous privons pas du plaisir de
citer encore l'admirable passage où il prêche le devoir de former
les enfants à la tolérance. « Jamais, par des paroles de haine et de
vengeance, le maître ne les disposera à ces préventions aveugles qui
créent pour ainsi dire des nations ennemies au sein de la même
nation. La paix et la concorde qu'il maintiendra dans son école
doivent, *s'il est possible*, préparer le calme et l'union des généra
tions à venir. » Cette pensée est encore celle qui devait inspirer,
un demi-siècle plus tard, les lois sur l'enseignement laïque.

II

Entre la lettre de M. Guizot et celle de M. Ferry il s'est accompli de grands changements dans la société. D'abord, le « pays légal », composé de quelques cent mille électeurs, est devenu la nation entière ; les dernières barrières sont tombées ; il n'y a plus de classes dirigeantes constituées ; pauvres et riches participent au même titre au gouvernement. La force d'impulsion politique s'est par là prodigieusement accrue ; et, comme il fallait s'y attendre, les « questions sociales » ont pris aussitôt une importance extraordinaire, qu'elles ne perdront plus. Mais où est la force régulatrice ? Où trouver un point fixe, lorsque l'universalité des citoyens est désormais et sans retour lancée dans le mouvement politique, maîtresse de se porter où elle veut ? On ne peut plus le chercher au dehors ; c'est au dedans qu'il faut le créer, par l'instruction, ou plutôt par l'éducation universelle.

Imagine-t-on en effet, quand on ne veut pas se payer de mots et de chimères, une autre manière de résoudre le problème redoutable de la démocratie, préparé par toute l'histoire moderne, mis en pleine lumière par l'histoire contemporaine, et qui ne disparaîtra plus de notre horizon, sinon de faire le plus vite et le mieux possible de cette « multitude », de cette force d'impulsion aveugle, inconsciente, brutale, une force intelligente, morale, capable de réflexion, de discipline, de justice ? Et à qui nous adresser ; à quels moyens, à quelle institution recourir pour cette immense, laborieuse, périlleuse, mais indispensable transformation, sinon à l'école, à l'école publique, à l'école primaire, laquelle atteint tout le monde et durant plusieurs années ? Et dans cette école universelle, sur quel point principal se fixera la sollicitude croissante de l'homme d'État, sinon sur l'éducation morale ? Mais n'attendons pas qu'il y apporte aujourd'hui la même sérénité philosophique ni la même patience que son prédécesseur de 1833 : les besoins pressent ; il faut, à tout prix, conjurer la barbarie, et, puisque la multitude est

désormais et pour toujours souveraine, il faut sans relâche
la pénétrer d'humanité et de raison. On ne se contentera donc
plus d'un enseignement moral diffus et comme dissous dans
tous les autres enseignements; on lui fera une place distincte,
afin de lui ménager une action plus directe, plus forte, plus
durable sur l'âme des nouvelles générations. On ne le laissera
pas flotter dans la région transcendante des idées; on le ramè-
nera sur terre, au sein de l'épaisse réalité, composée d'ignorance séculaire, de préjugés, de superstitions, d'âpre égoïsme,
de mœurs grossières ou violentes, d'inertie et de servitude spirituelles. On exigera qu'il vise aux résultats positifs, à rectifier
le jugement moral, à établir la justice dans les sentiments et
dans les habitudes, et avec la justice, quelque bonté; bref, à ériger
en chaque enfant une conscience d'homme. Encore une fois, le
temps presse; la nécessité parle haut; il faut qu'un peuple sou-
verain, sans contrôle et sans frein étrangers, apprenne à trouver
sa règle et son frein en lui-même. Auprès de cette question dévo-
rante d'ordre public, de paix publique, les questions religieuses
et philosophiques, sans rien perdre de leur importance propre,
sont reléguées par l'homme d'État sur le second plan : c'est
le pain quotidien qu'il s'agit d'assurer à tous; c'est la morale
usuelle qu'il faut enseigner, la « bonne et antique morale », sur
laquelle Églises, familles, religions et philosophies sont d'accord;
la mission de l'instituteur sera de « faire de ses élèves d'honnêtes
gens ».

Tel est l'esprit de la lettre de M. Ferry. On y sent assurément un autre souffle que dans celle de M. Guizot; moins
d'élévation et d'autorité de langage ; peu ou point de doctrine.
Ce n'est pas le philosophe ni le croyant qui parle; ce n'est pas
non plus le ministre « du roi » : c'est le chef de l'Université,
c'est le ministre de la République; son ton n'est pas d'un maître
s'adressant à des subalternes, mais d'un supérieur scolaire, à
qui ses fonctions politiques confèrent une compétence spéciale
et qui ne croit pas déroger en pressant le détail de la pédagogie
morale.

Un autre grand changement s'est produit durant le demi-siècle
écoulé, qui a retenti dans l'ordre scolaire. Changement n'est
pas le mot propre, c'est *développement* qu'il faudrait dire :

*

tout ce qui se passe aujourd'hui, et dont témoigne la lettre de 1883 aux instituteurs, se préparait en 1833; nous l'avons déjà dit, la lettre de M. Guizot est à tous égards prophétique. De même qu'on voit apparaître la démocratie imminente entre les lignes du prévoyant ministre de la monarchie constitutionnelle, on n'y lit pas moins clairement le conflit inévitable et sans issue régulière de l'esprit ecclésiastique et de l'esprit séculier. Cette opposition sourde et déclarée que M. Guizot, par amour de la paix et pour ne s'aliéner aucune « force sociale », cherchait à amortir, elle s'est accentuée de plus en plus; après des alternatives diverses, il s'est formé en France un sentiment général très arrêté sur la nécessité de soustraire entièrement l'école nationale à toute ingérence des Églises. On est arrivé, à la suite de cruelles expériences, marquées notamment par les dates de 1850 et de 1871-1874, à reconnaître que la démocratie et la liberté politique ne doivent pas confier à des mains étrangères le soin d'assurer leur avenir; que l'esprit laïque, la raison publique doit trouver en elle-même, dans ses méthodes propres et dans les traditions librement interprétées du genre humain, ses moyens d'éducation civique et morale, comme il y avait autrefois trouvé ses moyens de gouvernement politique et ses garanties d'état civil; que la paix sociale court à la longue plus de risques dans le régime de la cohabitation forcée que dans celui de la séparation, et qu'enfin la dignité des deux contractants ne peut être pleinement sauvegardée que par l'indépendance réciproque. La sécularisation complète de l'enseignement primaire, dans son personnel comme dans ses programmes, a été la conclusion inévitable de ce mouvement. Et, à son tour, l'enseignement devenu tout entier laïque, séparé de l'instruction religieuse, c'est-à-dire du catéchisme ecclésiastique, était par là même conduit, sous peine de n'être plus un instrument assez efficace d'éducation, à faire une place distincte et principale à l'instruction morale. C'est ainsi que les nécessités du régime libéral et de la démocratie comme la logique séculaire et irrésistible du mouvement séculier ont concouru également à faire du maître de l'école laïque un maître des mœurs, un éducateur des âmes ainsi que des esprits. Que l'on s'en afflige ou qu'on s'en indigne, que l'on en raille agréablement, la chose est ainsi. Or, cette chose-là, pour qui sait démêler la vérité sous les humbles, informes, incohérents essais du moment présent, n'est rien de moins qu'une révolution ; et cette révolution est définitive (y eût-il à prévoir des réactions passagères), parce qu'elle n'est que le dernier terme, le terme naturel et prévu de tout le mouvement moral et social du passé, à savoir la prise entière de possession de l'éducation publique au nom de l'esprit moderne ; c'est la société qui entend « se tirer d'affaire » par ses propres ressources aussi bien dans l'ordre moral que dans l'ordre civil et politique. Révolution d'ailleurs bienfaisante, puisque tout en laissant les croyances individuelles, domestiques, ecclésiastiques déployer librement leur vertu en dehors de l'école publique, elle est comme une incitation permanente, adressée à tout l'enseignement public, à l'élite enseignante de la nation, qui donne l'impulsion, qui rédige les programmes et qui les interprète, comme à celle qui, dans l'obscurité des 38,000 communes de France, les applique chaque jour, — elle est, disons-nous, pour le pays, une mise en demeure perpétuelle d'arriver à tirer de son propre fonds, c'est-à-dire de la raison publique du meilleur de l'âme et des traditions de la nation, les règles communes de conduite, les motifs généraux d'agir et de bien vivre, sans lesquels la société la plus savamment organisée aboutit bientôt à n'être qu'une agglomération administrative.

Mais cet enseignement laïque de la morale, n'est-il pas à craindre qu'il manque à la fois de haute inspiration et de fortes doctrines, et qu'ainsi exténué il n'exerce aucune action profonde sur les mœurs et sur l'esprit des jeunes générations ? Oui, sans doute, cela est à craindre ; car il ne vaudra en définitive, il ne peut valoir que ce que vaut la société elle-même, ou l'élite pensante de la société ; il ne s'inspirera pas d'une sagesse surnaturelle ; son ton s'élèvera ou s'abaissera selon que la philosophie ambiante portera plus ou moins haut les âmes. Et comme, en ce temps-ci, la pensée traverse une crise redoutable et que les croyances morales élémentaires ne sont pas soumises à une moindre épreuve que les croyances religieuses positives ; comme l'ébranlement causé par les sciences naturelles et historiques s'est propagé des classes savantes aux classes populaires, il est inévitable que l'enseignement laïque en ressente le contre-coup. Ni les programmes, ni les circulaires, ni les livres de classe, ni les leçons orales ne sauraient, quoi qu'on fasse et sous peine d'une hypocrisie mortelle, dogmatiser et affirmer avec une absolue certitude là où l'esprit public est incertain, où la croyance générale est vague et inconsistante. Sans doute, le maître d'école ne sera pas l'écho docile du sens commun, de la morale courante; il prendra à tâche de s'élever lui-même et d'élever les autres à une manière moins empirique et plus rationnelle de concevoir la vie humaine, la destinée, la liberté, le devoir, le bien individuel et le bien social; mais il ne pourra pas dépasser de très loin le degré de savoir et de certitude de son temps. Ainsi s'expliquent ce que l'on appellera, si on veut, la timidité doctrinale des instructions et du programme de morale préparés par le Conseil supérieur, et plus encore, les omissions de la lettre de M. Ferry.

On n'a peut-être pas oublié à quelle occasion fut écrite la lettre de M. Ferry. C'était après la levée de boucliers suscitée par la mise à l'index de quatre manuels d'instruction morale et civique. Le ministre voulut prononcer lui-même des paroles d'apaisement. Il prit à tâche de montrer que dans le nouvel enseignement le livre compte pour peu et ne mérite pas de servir de cause éternelle de discorde dans une commune : la personne du maître, son caractère, son exemple, sa parole, sont tout; la morale s'inspire plutôt qu'elle ne s'enseigne, elle est moins affaire de savoir intellectuel que de persuasion; elle n'est pas « tant une suite de vérités à démontrer qu'une longue suite d'influences à exercer ».

Ce caractère tout pratique, ce souci d'aboutir à « l'effet », à un amendement réel, « à de meilleures habitudes, à des manières plus douces et plus respectueuses envers les parents, à plus de droiture, d'obéissance et de goût pour le travail, à plus de soumission au devoir », c'est le trait propre de la lettre de M. Ferry, et par où elle se distingue de celle de M. Guizot. Le ministre de la monarchie constitutionnelle parle de plus haut; le ministre de la république descend au niveau du peuple; il se défie manifestement des grandes idées et des grands mots; il parle aux maîtres leur langage de tous les jours, qui n'est pas celui de la philosophie ni de la religion, mais celui « de l'humble et sûre

morale usuelle ». Au fond les deux hommes d'État poursuivent
le même but ; mais la différence des temps se fait sentir dans
leurs instructions non moins que celle des personnes ; l'esprit
positif et pratique de la fin du siècle, fort aliéné du mysticisme
et de la métaphysique, s'unit chez M. Ferry au sentiment de plus
en plus pressant des besoins moraux de la démocratie.

Si l'on y regarde de plus près encore, on est frappé d'un trait
commun qui distingue les deux lettres ministérielles et qui en fait
véritablement les signes d'une époque nouvelle : c'est le sérieux
du ton et la ferme sincérité du langage dans les choses morales ;
sur ce point, l'un des deux ministres ne le cède point à l'autre.
Imagine-t-on nouveauté plus extraordinaire et plus hardie que
celle de ces hommes d'État se faisant, au nom de la société
et du gouvernement, les interprètes des intérêts les plus élevés,
de ceux qui touchent aux « choses divines », pour ne pas dire
qu'ils sont les choses divines elles-mêmes, et instruisant *plenis-
simo jure*, en cette matière, les cent mille instituteurs du peuple ?
Qu'on médite les deux lettres et qu'on dise, en les comparant
à tant d'instructions épiscopales ou pontificales publiées de
nos jours, de quel côté est l'ascendant, le parfait sérieux, la
vérité d'accent ; qu'on dise si l'autorité spirituelle n'est point
en train de passer du côté laïque.

Pour tout dire d'un mot, la supériorité des deux lettres réside
en ce qu'elles sont l'une et l'autre parole libre et vivante :
l'une, expression d'un état social auquel président les « classes
dirigeantes » et du spiritualisme dominant, a plus grand
air ; elle est plus magistrale ; on y sent plus d'autorité de
doctrine, avec quelque chose de l'austérité genevoise ; l'autre,
écho d'une société démocratique, divisée, peu croyante, d'esprit
« positif », pressée de grands périls et de grands besoins, serre de
plus près la réalité et la pratique. L'auteur de la première, voyant
naître de toutes parts le conflit entre la puissance civile et la
puissance ecclésiastique, s'applique de son mieux à les faire
vivre honorablement ensemble ; l'autre, ayant renoncé au régime
de la cohabitation, veut assurer la paix sociale, la paix des
familles et des communes. Toutes deux affirment la compétence
spirituelle de l'État, et cherchent à lui faire produire tous ses
effets ; toutes deux, pleines d'une singulière vertu, parce qu'elles

expriment tacitement le dogme principal de notre société laïque :
la confiance à la vérité, le ferme propos de ne pas vivre de men-
songes, de fictions, de conventions, et de tirer de la raison
publique de quoi pourvoir aux besoins de la vie publique et
de la moralité publique.

Aujourd'hui la sécularisation est faite ; elle est passée de la
loi dans les institutions ; la société laïque est maîtresse dans ses
écoles, comme elle l'était déjà dans son état civil, dans son
administration et dans sa politique ; elle y est maîtresse, parce
qu'elle y est seule ; elle y enseigne ce qu'elle sait, ce qu'elle
croit, ce dont elle vit chaque jour. Peu de chose, nous dit-
on ! Oui, sans doute ; mais ce peu, elle le multiplie, comme
les cinq pains de l'Évangile, par la sincérité courageuse, par
l'honnêteté qu'elle met à le comprendre et à l'appliquer. N'en
doutons pas : la lettre de 1883, le programme d'enseignement moral du Conseil supérieur, les instructions ministérielles, seront plus tard (ils commencent déjà de l'être hors de
nos frontières) l'un des principaux titres d'honneur de la troi-
sième République. Ils témoigneront à la postérité des sentiments
qui animaient vers 1880 l'élite du parti libéral en France, de
quel ample et pénétrant regard elle avait étudié les intérêts
moraux de la nation, comment elle avait compris la responsabilité de l'État, sur quel plan d'éducation à la fois simple et
profond elle avait entrepris de fonder l'union de toutes les classes
et la prospérité générale de l'État démocratique.

Mais si la société laïque est aujourd'hui maîtresse chez elle,
qu'elle ne se flatte pourtant pas de s'être mise à l'abri de fâcheuses
réactions. Qu'elle ne croie pas avoir sécularisé définitivement
l'ordre spirituel, l'éducation publique, en ne retenant que la pratique, « l'antique morale... la morale usuelle, » et en se désinté-
ressant des principes supérieurs, comme objets litigieux ou supra-
scientifiques. Louons-la sans doute de ne professer que ce
qu'elle sait ou qu'elle croit ; car cela aussi est un Credo, supérieur à tous les Credos dictés par la raison d'État ou d'É-
glise et souscrits par peur, par paresse ou par bienséance. Mais
ne lui laissons pas oublier que c'est en définitive du *spirituel* que
vient, pour les peuples comme pour les individus, la force de
cohésion et d'action, la discipline et l'impulsion, l'énergie et la

sagesse. Or le spirituel, ce sont les hautes idées directrices, c'est la façon de concevoir le monde et la destinée humaine. On ne fait pas impunément l'économie d'une philosophie générale ; à vrai dire, personne n'y réussit. Accoutumer la nation à se détacher de ces hauts et périlleux soucis, ce serait l'imprudence suprême, la défaillance sans remède ; car en lui épargnant cette inquiétude et ces efforts comme autant de chimères, on frapperait les âmes de stérilité et les caractères d'inertie ; on les livrerait d'avance au mauvais génie théocratique. C'est pourquoi ni la lettre de M. Guizot ni celle de M. Ferry ne sont la charte définitive de l'enseignement moral public : et si la France poursuit ses libres destinées, l'on peut prévoir que d'autres ministres de l'instruction écriront encore à leurs instituteurs en vue d'une situation nouvelle, de besoins nouveaux. Peut être écriront-ils sous la dictée de doctrines morales plus arrêtées et plus en crédit. Peut-être aussi la société civile, une fois assurée que son esprit a prévalu partout et sans retour, laissera-t-elle, dans les écoles, un plus libre champ à la manifestation des croyances particulières. Quoi qu'il en soit, les deux Lettres resteront comme les témoins de l'un des plus grands événements de l'histoire morale contemporaine.

Félix Pécaut.

(Extrait de la *Revue pédagogique* du 15 mars 1887.)

DEUX
MINISTRES PÉDAGOGUES

M. GUIZOT ET M. FERRY

LETTRES

ADRESSÉES AUX INSTITUTEURS PAR LE MINISTRE DE L'INSTRUCTION PUBLIQUE

En 1833 et en 1883

I

Circulaire adressée à MM. les Instituteurs sur la Loi du 28 juin 1833, relative à l'Instruction primaire.

Le Ministre de l'Instruction publique
à M. .....
Instituteur à .....

MONSIEUR.

Je vous transmets la loi du 28 juin dernier sur l'instruction primaire, ainsi que l'exposé des motifs qui l'accompagnait lorsque, d'après les ordres du roi, j'ai eu l'honneur de la présenter, le 2 janvier dernier, à la Chambre des députés.

Cette loi, Monsieur, est vraiment la charte de l'instruction primaire; c'est pourquoi je désire qu'elle parvienne directement à la connaissance, et demeure en la possession de tout instituteur. Si vous l'étudiez avec soin, si vous méditez attentivement ses dispositions ainsi que les motifs qui en développent l'esprit, vous êtes assuré de bien connaître vos devoirs et vos droits, et la situation nouvelle que vous destinent nos institutions.

Ne vous y trompez pas, Monsieur : bien que la carrière de l'instituteur primaire soit sans éclat, bien que ses soins et ses jours doivent le plus souvent se consumer dans l'enceinte d'une commune, ses travaux intéressent la société tout entière et sa profession participe de l'importance des fonctions publiques. Ce n'est pas pour la commune seulement, et dans un intérêt purement local, que la loi veut que tous les Français acquièrent, s'il est possible, les connaissances indispensables à la vie sociale, et sans lesquelles l'intelligence languit, et quelquefois s'abrutit ; c'est aussi pour l'État lui-même et dans l'intérêt public, c'est parce que la liberté n'est assurée et régulière que chez un peuple assez éclairé pour écouter en toute circonstance la voix de la raison. L'instruction primaire universelle est désormais une des garanties de l'ordre et de la stabilité sociale. Comme tout dans les principes de notre gouvernement est vrai et raisonnable, développer l'intelligence, propager les lumières, c'est assurer l'empire et la durée de la monarchie constitutionnelle.

Pénétrez-vous donc, Monsieur, de l'importance de votre mission ; que son utilité vous soit toujours présente dans les travaux assidus qu'elles vous impose. Vous le voyez : la législation et le gouvernement se sont efforcés d'améliorer la condition et d'assurer l'avenir des instituteurs. D'abord, le libre exercice de leur profession dans tout le royaume leur est garanti, et le droit d'enseigner ne peut être refusé ni retiré à celui qui se montre capable et digne d'une telle mission. Chaque commune doit en outre ouvrir un asile à l'instruction primaire. A chaque école un maître est promis. Une rétribution spéciale et variable vient l'accroître. Un mode de perception, à la fois plus conforme à votre dignité et à vos intérêts, en facilite le recrutement sans gêner, d'ailleurs, la liberté des conventions particulières. Par l'institution des caisses d'épargne, des ressources sont préparées à la vieillesse des maîtres. Dès leur jeunesse la dispense du service militaire leur prouve la sollicitude qu'ils inspirent à la société. Dans leurs fonctions, ils ne sont soumis qu'à des autorités éclairées et désintéressées. Leur existence est mise à l'abri de l'arbitraire et de la persécution. Enfin l'approbation de leurs supérieurs légitimes encouragera leur bonne conduite et constatera leurs succès ; et quelquefois même une récompense brillante, à laquelle leur modeste ambition ne prétendait pas, peut venir leur attester que le gouvernement du roi veille sur leurs services et sait les honorer.

Toutefois, Monsieur, je ne l'ignore point : la prévoyance de la loi, les ressources dont le pouvoir dispose ne réussiront jamais à rendre la simple profession d'instituteur communal aussi attrayante qu'elle est utile. La société ne saurait rendre à celui qui s'y consacre tout ce qu'il fait pour elle. Il n'y a point de fortune à faire, il n'y a guère de renommée à acquérir dans les obligations pénibles qu'il accomplit. Destiné à voir sa vie s'écouler dans un travail monotone, quelquefois même à rencontrer autour de lui l'injustice ou l'ingratitude de l'ignorance, il s'attristerait souvent, et succomberait peut-être, s'il ne puisait sa force et son courage ailleurs que dans les perspectives d'un intérêt immédiat et purement personnel. Il faut qu'un sentiment profond de l'importance morale de ses travaux le soutienne et l'anime ; que l'austère plaisir d'avoir servi les hommes et secrètement contribué au bien public devienne le digne salaire que lui donne sa conscience seule. C'est sa gloire de ne prétendre à rien au-dessus de son obscure et laborieuse condition, de s'épuiser en sacrifices à peine comptés de ceux qui en profitent, de travailler enfin pour les hommes et de n'attendre sa récompense que de Dieu.

Aussi voit-on que, partout où l'enseignement primaire a prospéré, une pensée religieuse s'est unie, dans ceux qui le répandent, au goût des lumières et de l'instruction. Puissiez-vous, Monsieur, trouver dans de telles espérances, dans ces croyances dignes d'un esprit sain et d'un cœur pur, une satisfaction et une constance que peut-être la raison seule et le seul patriotisme ne vous donneraient pas !

C'est ainsi que les devoirs nombreux et divers qui vous sont réservés vous paraîtront plus faciles, plus doux, et prendront sur vous plus d'empire. Il doit m'être permis, Monsieur, de vous les rappeler. Désormais, en devenant instituteur communal, vous appartenez à l'instruction publique ; le titre que vous portez, conféré par le ministre, est placé sous sa sauvegarde. L'Université vous réclame ; en même temps qu'elle vous surveille, elle vous protège et vous admet à quelques-uns des droits qui font e l'enseignement une sorte de magistrature. Mais le nouveau caractère qui vous est donné m'autorise à vous retracer les engagements que vous contractez en le recevant. Mon droit ne se borne pas à vous rappeler les dispositions des lois et réglements que vous devez scrupuleusement observer; c'est mon devoir d'établir et de maintenir les principes qui doivent servir de règle morale à la conduite de l'instituteur, et dont la violation compromettrait la dignité même du corps auquel il pourra appartenir désormais. Il ne suffit pas en effet de respecter le texte des lois; l'intérêt seul y pourrait contraindre, car elles se vengent de celui qui les enfreint; il faut encore, et surtout, prouver par sa conduite qu'on a compris la raison morale des lois, qu'on accepte volontairement et de cœur l'ordre qu'elles ont pour but de maintenir, et qu'à défaut de leur autorité on retrouverait dans sa conscience une puissance sainte comme les lois et non moins impérieuse.

Les premiers de vos devoirs, Monsieur, sont envers les enfants confiés à vos soins. L'instituteur est appelé par le père de famille au partage de son autorité naturelle; il doit l'exercer avec la même vigilance, et presque avec la même tendresse. Non seulement la vie et la santé des enfants sont remises à sa garde, mais l'éducation de leur cœur et de leur intelligence dépend de lui presque tout entière. En ce qui concerne l'enseignement proprement dit, rien ne vous manquera de ce qui peut vous guider. Non seulement une école normale vous donnera des leçons et des exemples, non seulement les comités s'attacheront à vous transmettre des instructions utiles, mais encore l'Université même se maintiendra avec vous en constante communication. Le roi a bien voulu approuver la publication d'un journal spécialement destiné à l'enseignement primaire. Je veillerai à ce que le *Manuel général* répande partout, avec les actes officiels qui vous intéressent, la connaissance des méthodes sûres, des tentatives heureuses, les notions pratiques que réclament les écoles, la comparaison des résultats obtenus en France et à l'étranger, enfin tout ce qui peut diriger le zèle, faciliter le succès, entretenir l'émulation.

Mais, quant à l'éducation morale, c'est en vous surtout, Monsieur, que je me fie. Rien ne peut suppléer en vous la volonté de bien faire. Vous n'ignorez pas que c'est là, sans aucun doute,

la plus importante et la plus difficile partie de votre mission ;
vous n'ignorez pas qu'en vous confiant un enfant, chaque
famille vous demande de lui rendre un honnête homme, et le
pays un bon citoyen. Vous le savez : les vertus ne suivent pas
toujours les lumières, et les leçons que reçoit l'enfance pourraient
lui devenir funestes si elles ne s'adressaient qu'à son intelligence.
Que l'instituteur ne craigne donc pas d'entreprendre sur les
droits des familles en donnant ses premiers soins à la culture
intérieure de l'âme de ses élèves. Autant il doit se garder d'ouvrir son école à l'esprit de secte ou de parti, et de nourrir les
enfants dans des doctrines religieuses ou politiques qui les
mettent pour ainsi dire en révolte contre l'autorité des conseils
domestiques, autant il doit s'élever au-dessus des querelles passagères qui agitent la société, pour s'appliquer sans cesse à
propager, à affermir ces principes impérissables de morale et de
raison, sans lesquels l'ordre universel est en péril, et à jeter
profondément dans de jeunes cœurs ces semences de vertu et
d'honneur que l'âge et les passions n'étoufferont jamais.

La foi dans la Providence, la sainteté du devoir, la soumission
à l'autorité paternelle, le respect dû aux lois, au prince, aux droits
de tous, tels sont les sentiments qu'il s'attachera à développer.
Jamais, par sa conversation ou son exemple, il ne risquera d'ébran-
ler chez les enfants la vénération due au bien ; jamais, par des
paroles de haine et de vengeance, il ne les disposera à ces
préventions aveugles qui créent, pour ainsi dire, des nations
ennemies au sein de la même nation.

La paix et la concorde qu'il maintiendra dans son école doivent,
s'il est possible, préparer le calme et l'union des générations à venir.

Les rapports de l'instituteur avec les parents ne peuvent manquer d'être fréquents. La bienveillance y doit présider. S'il ne
possédait la bienveillance des familles, son autorité sur les enfants
serait compromise, et le fruit de ses leçons serait perdu pour eux.
Il ne saurait donc porter trop de soin et de prudence dans cette
sorte de relations. Une intimité légèrement contractée pourrait
exposer son indépendance, quelquefois même l'engager dans ces
dissensions locales qui désolent souvent les petites communes. En
se prêtant avec complaisance aux demandes raisonnables des
parents, il se gardera bien de sacrifier à leurs capricieuses exigences

ses principes d'éducation et la discipline de son école. Une école doit être l'asile de l'égalité, c'est-à-dire de la justice.

Les devoirs de l'instituteur envers l'autorité sont plus clairs encore, et non moins importants. Il est lui-même une autorité dans la commune : comment donc donnerait-il l'exemple de l'insubordination? Comment ne respecterait-il pas les magistrats municipaux, l'autorité religieuse, les pouvoirs légaux qui maintiennent la sécurité publique? Quel avenir il préparerait à la population au sein de laquelle il vit, si, par son exemple ou par des discours malveillants, il excitait chez les enfants cette disposition à tout méconnaître, à tout insulter, qui peut devenir, dans un autre âge, l'instrument de l'immoralité et de l'anarchie!

Le maire est le chef de la commune, il est à la tête de la surveillance locale ; l'intérêt puissant, comme le devoir de l'instituteur est donc de lui témoigner en toute occasion la déférence qui lui est due. Le curé ou le pasteur ont aussi droit au respect, car leur ministère répond à ce qu'il y a de plus élevé dans la nature humaine. S'il arrivait que, par quelque fatalité, le ministre de la religion refusât à l'instituteur une juste bienveillance, celui-ci ne devrait pas sans doute s'humilier pour la reconquérir ; mais il s'appliquerait de plus en plus à la mériter par sa conduite, et il saurait l'attendre. C'est au succès de son école à désarmer des préventions injustes ; c'est à sa prudence à ne donner aucun prétexte à l'intolérance. Il doit éviter l'hypocrisie à l'égal de l'impiété. Rien d'ailleurs n'est plus désirable que l'accord du prêtre et de l'instituteur ; tous deux sont revêtus d'une autorité morale ; tous deux ont besoin de la confiance des familles ; tous deux peuvent s'entendre pour exercer sur les enfants, par des moyens divers, une commune influence. Un tel accord vaut bien qu'on fasse, pour l'obtenir, quelques sacrifices, et j'attends de vos lumières et de votre sagesse que rien d'honorable ne vous coûtera pour réaliser cette union sans laquelle nos efforts pour l'instruction populaire seraient souvent infructueux.

Enfin, Monsieur, je n'ai pas besoin d'insister sur vos relations avec les autorités spéciales qui veillent sur les écoles, avec l'Université elle-même ; vous trouverez là des conseils, une direction nécessaire, souvent un appui contre des difficultés locales et des inimitiés accidentelles. L'administration n'a point d'autres intérêts que ceux de l'instruction primaire, qui au fond sont les vôtres. Elle ne vous demande que de vous pénétrer de plus en plus de l'esprit de votre mission. Tandis que de son côté elle veillera sur vos droits, sur vos intérêts, sur votre avenir, maintenez, par une vigilance continuelle, la dignité de votre état ; ne l'altérez point par des spéculations inconvenantes, par des occupations incompatibles avec l'enseignement; ayez les yeux ouverts sur tous les moyens d'améliorer l'instruction que vous dispensez autour de vous. Les secours ne vous manqueront pas : dans la plupart des grandes villes, des cours de perfectionnement sont ouverts; dans les écoles normales, des places sont ménagées aux instituteurs qui voudraient y venir retremper leur enseignement. Il devient chaque jour plus facile de vous composer à peu de frais une bibliothèque suffisante à vos besoins. Enfin, dans quelques arrondissements, dans quelques cantons, des conférences ont déjà été établies entre les instituteurs : c'est là qu'ils peuvent mettre leur expérience en commun, et s'encourager les uns les autres en s'aidant mutuellement.

Au moment où, sous les auspices d'une législation nouvelle, nous entrons tous dans une nouvelle carrière, au moment où l'instruction primaire va être l'objet de l'expérience la plus réelle et la plus étendue qui ait encore été tentée dans notre patrie, j'ai dû, Monsieur, vous rappeler les principes qui guident l'administration de l'instruction publique et les espérances qu'elle fonde sur vous. Je compte sur tous vos efforts pour faire réussir l'œuvre que nous entreprenons en commun : ne doutez jamais de la protection du gouvernement, de sa constante, de son active sollicitude pour les précieux intérêts qui vous sont confiés. L'universalité de l'instruction primaire est à ses yeux l'une des plus grandes et des plus pressantes conséquences de notre charte ; il lui tarde de la réaliser. Sur cette question comme sur toute autre, la France trouvera toujours d'accord l'esprit de la Charte et la volonté du Roi.

Recevez, Monsieur, l'assurance de ma considération distinguée.

Le Ministre, Secrétaire d'État
au département de l'Instruction publique,

Guizot.

II

Lettre adressée aux Instituteurs primaires par M. le Ministre de l'Instruction publique.

Paris, le 17 novembre 1883.

Monsieur l'Instituteur,

L'année scolaire qui vient de s'ouvrir sera la seconde année d'application de la loi du 28 mars 1882. Je ne veux pas la laisser commencer sans vous adresser personnellement quelques recommandations qui sans doute ne vous paraîtront pas superflues après la première expérience que vous venez de faire du régime nouveau. Des diverses obligations qu'il vous impose, celle assurément qui vous tient le plus au cœur, celle qui vous apporte le plus lourd surcroît de travail et de souci, c'est la mission qui vous est confiée de donner à vos élèves l'éducation morale et l'instruction civique : vous me saurez gré de répondre à vos préoccupations en essayant de bien fixer le caractère et l'objet de ce nouvel enseignement ; et, pour y mieux réussir, vous me permettrez de me mettre un instant à votre place, afin de vous montrer, par des exemples empruntés au détail même de vos fonctions, comment vous pourrez remplir à cet égard tout votre devoir et rien que votre devoir.

La loi du 28 mars se caractérise par deux dispositions qui se complètent sans se contredire : d'une part elle met en dehors du programme obligatoire l'enseignement de tout dogme particulier, d'autre part elle y place au premier rang l'enseignement moral et civique. L'instruction religieuse appartient aux familles et à l'église, l'instruction morale à l'école.

Le législateur n'a donc pas entendu faire une œuvre purement négative. Sans doute il a eu pour premier objet de séparer l'école de l'église, d'assurer la liberté de conscience et des maîtres et des élèves, de distinguer enfin deux domaines trop longtemps confondus, celui des croyances, qui sont personnelles, libres et variables, et celui des connaissances, qui sont communes et indispensables à tous de l'aveu de tous. Mais il y a autre chose dans la loi du 28 mars : elle affirme la volonté de fonder chez nous une éducation nationale, et de la fonder sur des notions du devoir et du droit que le législateur n'hésite pas à inscrire au nombre des premières vérités que nul ne peut ignorer.

Pour cette partie capitale de l'éducation, c'est sur vous, Monsieur, que les pouvoirs publics ont compté. En vous dispensant de l'enseignement religieux, on n'a pas songé à vous décharger de l'enseignement moral : c'eût été vous enlever ce qui fait la dignité de votre profession. Au contraire, il a paru tout naturel que l'instituteur, en même temps qu'il apprend aux enfants à lire et à écrire, leur enseigne aussi ces règles élémentaires de la vie morale qui ne sont pas moins universellement acceptées que celles du langage ou du calcul.

En vous conférant de telles fonctions, le Parlement s'est-il trompé ? A-t-il trop présumé de vos forces, de votre bon vouloir, de votre compétence ? Assurément il eût encouru ce reproche s'il avait imaginé de charger tout à coup quatre-vingt mille instituteurs et institutrices d'une sorte de cours *ex professo* sur les principes, les origines et les fins dernières de la morale. Mais qui jamais a conçu rien de semblable ? Au lendemain même du vote de la loi, le Conseil supérieur de l'Instruction publique a pris soin de vous expliquer ce qu'on attendait de vous, et il l'a fait en termes qui défient toute équivoque. Vous trouverez ci-inclus un exemplaire des programmes qu'il a approuvés et qui sont pour vous le plus précieux commentaire de la loi : je ne saurais trop vous recommander de les relire et de vous en inspirer. Vous y puiserez la réponse aux deux critiques opposées qui vous parviennent. Les uns vous disent : Votre tâche d'éducateur moral est impossible à remplir. Les autres : Elle est banale et insignifiante. C'est placer le but ou trop haut ou trop bas. Laissez-moi vous expliquer que la tâche n'est ni au-dessus de vos forces ni au-dessous de votre estime ; qu'elle est très limitée et pourtant d'une très grande importance; extrêmement simple, mais extrêmement difficile.

J'ai dit que votre rôle en matière d'éducation morale est très limité. Vous n'avez à enseigner, à proprement parler, rien de nouveau, rien qui ne vous soit familier comme à tous les honnêtes gens. Et quand on vous parle de mission et d'apostolat, vous n'allez pas vous y méprendre: vous n'êtes point l'apôtre d'un nouvel Évangile: le législateur n'a voulu faire de vous ni un philosophe ni un théologien improvisé. Il ne vous demande rien qu'on ne puisse demander à tout homme de cœur et de sens. Il est impossible que vous voyiez chaque jour tous ces enfants qui se pressent autour de vous, écoutant vos leçons, observant votre conduite, s'inspirant de vos exemples, à l'âge où l'esprit s'éveille, où le cœur s'ouvre, où la mémoire s'enrichit, sans que l'idée vous vienne aussitôt de profiter de cette docilité, de cette confiance, pour leur transmettre, avec les connaissances scolaires proprement dites, les principes mêmes de la morale, j'entends simplement cette bonne et antique morale que nous avons reçue de nos pères et mères et que nous nous honorons tous de suivre dans les relations de la vie sans nous mettre en peine d'en discuter les bases philosophiques.

Vous êtes l'auxiliaire et à certains égards le suppléant du père de famille; parlez donc à son enfant comme vous voudriez que l'on parlât au vôtre: avec force et autorité, toutes les fois qu'il s'agit d'une vérité incontestée, d'un précepte de la morale commune; avec la plus grande réserve, dès que vous risquez d'effleurer un sentiment religieux dont vous n'êtes pas juge.

Si parfois vous étiez embarrassé pour savoir jusqu'où il vous est permis d'aller dans votre enseignement moral, voici une règle pratique à laquelle vous pourrez vous tenir. Au moment de proposer aux élèves un précepte, une maxime quelconque, demandez-vous s'il se trouve à votre connaissance un seul honnête homme qui puisse être froissé de ce que vous allez dire. Demandez-vous si un père de famille, je dis un seul, présent à votre classe et vous écoutant, pourrait de bonne foi refuser son assentiment à ce qu'il vous entendrait dire. Si oui, abstenez-vous de le dire; sinon, parlez hardiment; car ce que vous allez communiquer à l'enfant, ce n'est pas votre propre sagesse, c'est la sagesse du genre humain, c'est une de ces idées d'ordre universel que plusieurs siècles de civilisation ont fait entrer dans le patrimoine de l'humanité. Si étroit que vous semble peut-être un cercle d'action ainsi tracé, faites-vous un devoir d'honneur de n'en jamais sortir, restez en deçà de cette limite plutôt que vous exposer à la franchir : vous ne toucherez jamais avec trop de scrupule à cette chose délicate et sacrée, qui est la conscience de l'enfant.

Mais une fois que vous vous êtes ainsi loyalement enfermé dans l'humble et sûre région de la morale usuelle, que vous demande-t-on ? Des discours ? des dissertations savantes ? de brillants exposés, un docte enseignement ? Non, la famille et la société vous demandent de les aider à bien élever leurs enfants, à en faire des honnêtes gens. C'est dire qu'elles attendent de vous non des paroles, mais des actes, non pas un enseignement de plus à inscrire au programme, mais un service tout pratique que vous pouvez rendre au pays plutôt encore comme homme que comme professeur.

Il ne s'agit plus là d'une série de vérités à démontrer, mais, ce qui est tout autrement laborieux, d'une longue suite d'influences morales à exercer sur des jeunes êtres à force de patience, de fermeté, de douceur, d'élévation dans le caractère et de puissance persuasive. On a compté sur vous pour leur apprendre à bien vivre par la manière même dont vous vivrez avec eux et devant eux. On a osé prétendre pour vous que, d'ici à quelques générations, les habitudes et les idées des populations au milieu desquelles vous aurez exercé attestent les bons effets de vos leçons de morale. Ce sera dans l'histoire un honneur particulier pour notre corps enseignant d'avoir mérité d'inspirer aux Chambres françaises cette opinion qu'il y a dans chaque instituteur, dans chaque institutrice, un auxiliaire naturel du progrès moral et social, une personne dont l'influence ne peut manquer en quelque sorte d'élever autour d'elle le niveau des mœurs. Ce rôle est assez beau pour que vous n'éprouviez nul besoin de l'agrandir. D'autres se chargeront plus tard d'achever l'œuvre que vous ébauchez dans l'enfant et d'ajouter à l'enseignement primaire de la morale un complément de culture philosophique ou religieuse. Pour vous, bornez-vous à l'office que la société vous assigne et qui a aussi sa noblesse : poser dans l'âme des enfants les premiers et solides fondements de la simple moralité.

Dans une telle œuvre, vous le savez, Monsieur, ce n'est pas avec des difficultés de théorie et de haute spéculation que vous avez à vous mesurer ; c'est avec des défauts, des vices, des préjugés grossiers. Ces défauts, il ne s'agit pas de les condamner — tout le monde ne les condamne-t-il pas? — mais de les faire disparaître par une succession de petites victoires obscurément remportées. Il ne suffit donc pas que vos élèves aient compris et retenu vos leçons, il faut surtout que leur caractère s'en ressente : ce n'est pas dans l'école, c'est surtout hors de l'école qu'on pourra juger ce qu'a valu votre enseignement.

Au reste, voulez-vous en juger vous-même dès à présent et voir si votre enseignement est bien engagé dans cette voie, la seule bonne : examinez s'il a déjà conduit vos élèves à quelques réformes pratiques. Vous leur avez parlé, par exemple, du respect dû à la loi : si cette leçon ne les empêche pas, au sortir de la classe, de commettre une fraude, un acte, fût-il léger, de contrebande ou de braconnage, vous n'avez rien fait encore; la leçon de morale n'a pas porté.

Ou bien vous leur avez expliqué ce que c'est que la justice et que la vérité : en sont-ils assez profondément pénétrés pour aimer mieux avouer une faute que de la dissimuler par un mensonge, pour se refuser à une indélicatesse ou à un passe-droit en leur faveur?

Vous avez flétri l'égoïsme et fait l'éloge du dévouement : ont-ils le moment d'après abandonné un camarade en péril pour ne songer qu'à eux-mêmes? Votre leçon est à recommencer.

Et que ces rechutes ne vous découragent pas. Ce n'est pas l'œuvre d'un jour de former ou de réformer une âme libre. Il y faut beaucoup de leçons sans doute, des lectures, des maximes écrites, copiées, lues et relues; mais il y faut surtout des exercices pratiques, des efforts, des actes, des habitudes. Les enfants ont en morale un apprentissage à faire, absolument comme pour la lecture ou le calcul. L'enfant qui sait reconnaître et assembler des lettres ne sait pas encore lire; celui qui sait les tracer l'une après l'autre ne sait pas écrire. Que manque-t-il à l'un et à l'autre? la pratique, l'habitude, la facilité, la rapidité et la sûreté de l'exécution. De même, l'enfant qui répète les premiers préceptes de la morale ne sait pas encore se conduire : il faut qu'on l'exerce à les appliquer couramment, ordinairement, presque d'instinct; alors seulement la morale aura passé de son esprit dans son cœur et elle passera de là dans sa vie; il ne pourra plus la désapprendre.

De ce caractère tout pratique de l'éducation morale à l'école primaire, il me semble facile de tirer les règles qui doivent vous guider dans le choix de vos moyens d'enseignement.

Une seule méthode vous permettra d'obtenir les résultats que nous souhaitons. C'est celle que le Conseil supérieur vous a recommandée : peu de formules, peu d'abstractions, beaucoup d'exemples et surtout d'exemples pris sur le vif de la réalité. Ces leçons veulent un autre ton, une autre allure que tout le reste de la classe, je ne sais quoi de plus personnel, de plus intime, de plus grave. Ce n'est pas le livre qui parle, ce n'est même plus le fonctionnaire, c'est pour ainsi dire le père de famille dans toute la sincérité de sa conviction et de son sentiment.

Est-ce à dire qu'on puisse vous demander de vous répandre en une sorte d'improvisation perpétuelle sans aliment et sans appui du dehors? Personne n'y a songé, et, bien loin de vous manquer, les secours extérieurs qui vous sont offerts ne peuvent vous embarrasser que par leur richesse et leur diversité. Des philosophes et des publicistes, dont quelques-uns comptent parmi les plus autorisés de notre temps et de notre pays, ont tenu à honneur de se faire vos collaborateurs, ils ont mis à votre disposition ce que leur doctrine a de plus pur et de plus élevé. Depuis quelques mois, nous voyons grossir presque de semaine en semaine le nombre des manuels d'instruction morale et civique. Rien ne prouve mieux le prix que l'opinion publique attache à l'établissement d'une forte culture morale par l'école primaire. L'enseignement laïque de la morale n'est donc estimé ni impossible, ni inutile, puisque la mesure décrétée par le législateur a éveillé aussitôt un si puissant écho dans le pays.

C'est ici cependant qu'il importe de distinguer de plus près entre l'essentiel et l'accessoire, entre l'enseignement moral qui est obligatoire, et les moyens d'enseignement qui ne le sont pas. Si quelques personnes, peu au courant de la pédagogie moderne, ont pu croire que nos livres scolaires d'instruction morale et civique allaient être une sorte de catéchisme nouveau, c'est là une erreur que ni vous, ni vos collègues, n'avez pu commettre. Vous savez trop bien que sous le régime de libre examen et de libre concurrence qui est le droit commun en matière de librairie classique, aucun livre ne vous arrive imposé par l'autorité universitaire. Comme tous les ouvrages que vous employez, et plus encore que tous les autres, le livre de morale est entre vos mains un auxiliaire et rien de plus, un instrument dont vous vous servez sans vous y asservir.

Les familles se méprendraient sur le caractère de votre enseignement moral si elles pouvaient croire qu'il réside surtout dans l'usage exclusif d'un livre même excellent. C'est à vous de mettre la vérité morale à la portée de toutes les intelligences, même de celles qui n'auraient pour suivre vos leçons le secours d'aucun manuel ; et ce sera le cas tout d'abord dans le cours élémentaire. Avec de tout jeunes enfants qui commencent seulement à lire, un manuel spécial de morale et d'instruction civique serait manifestement inutile. A ce premier degré, le Conseil supérieur vous recommande, de préférence à l'étude prématurée d'un traité quelconque, ces causeries familières dans la forme, substantielles au fond, ces explications à la suite des lectures et des leçons diverses, ces mille prétextes que vous offrent la classe et la vie de tous les jours pour exercer le sens moral de l'enfant.

Dans le cours moyen, le manuel n'est autre chose qu'un livre de lecture qui s'ajoute à ceux que vous connaissez déjà. Là encore, le Conseil, loin de vous prescrire un enchaînement rigoureux de doctrines, a tenu à vous laisser libre de varier vos procédés d'enseignement : le livre n'intervient que pour vous fournir un choix tout fait de bons exemples, de sages maximes et de récits qui mettent la morale en action.

Enfin, dans le cours supérieur, le livre devient surtout un utile moyen de reviser, de fixer et de coordonner, c'est comme le recueil méthodique des principales idées qui doivent se graver dans l'esprit du jeune homme.

Mais, vous le voyez, à ces trois degrés, ce qui importe, ce n'est pas l'action du livre, c'est la vôtre; il ne faudrait pas que le livre vînt en quelque sorte s'interposer entre vos élèves et vous, refroidir votre parole, en émousser l'impression sur l'âme des élèves, vous réduire au rôle de simple répétiteur de la morale. Le livre est fait pour vous, et non vous pour le livre. Il est votre conseiller et votre guide, mais c'est vous qui devez rester le guide et le conseiller par excellence de vos élèves.

Pour vous donner tous les moyens de nourrir votre enseignement personnel de la substance des meilleurs ouvrages, sans que le hasard des circonstances vous enchaîne exclusivement à tel ou tel manuel, je vous envoie la liste complète des traités d'instruction morale ou d'instruction civique qui ont été, cette année, adoptés par les instituteurs dans les diverses académies; la bibliothèque pédagogique du chef-lieu du canton les recevra du ministère, si elle ne les possède déjà, et les mettra à votre disposition. Cet examen fait, vous restez libre ou de prendre un de ces ouvrages pour en faire un des livres de lecture habituelle de la classe; ou bien d'en d'employer concurremment plusieurs, tous pris, bien entendu, dans la liste générale ci-incluse; ou bien encore vous pouvez vous réserver de choisir vous-même, dans différents auteurs, des extraits destinés à être lus, dictés, appris. Il est juste que vous ayez à cet égard autant de liberté que vous avez de responsabilité. Mais quelque solution que vous préfériez, je ne saurais trop vous le redire, faites toujours bien comprendre que vous mettez votre amour-propre, ou plutôt votre honneur, non pas à adopter tel ou tel livre, mais à faire pénétrer profondément dans les générations l'enseignement pratique des bonnes règles et des bons sentiments.

Il dépend de vous, Monsieur, j'en ai la certitude, de hâter par votre manière d'agir le moment où cet enseignement sera partout non pas seulement accepté, mais apprécié, honoré, aimé comme il mérite de l'être. Les populations mêmes dont on a cherché à exciter les inquiétudes ne résisteront pas longtemps à l'expérience qui se fera sous leurs yeux. Quand elles vous auront vu à l'œuvre, quand elles reconnaîtront que vous n'avez d'autre arrière-pensée que de leur rendre leurs enfants plus instruits et meilleurs, quand elles remarqueront que vos leçons de morale commencent à produire de l'effet, que leurs enfants rapportent de votre classe de meilleures habitudes, des manières plus douces et plus respectueuses, plus de droiture, plus d'obéissance, plus de goût pour le travail, plus de soumission au devoir, enfin tous les signes d'une incessante amélioration morale, alors la cause de l'école laïque sera gagnée, le bon sens du père et le cœur de la mère ne s'y tromperont pas ; et ils n'auront pas besoin qu'on leur apprenne ce qu'ils vous doivent d'estime, de confiance et de gratitude.

J'ai essayé de vous donner, Monsieur, une idée aussi précise que possible d'une partie de votre tâche qui est, à certains égards, nouvelle, qui de toutes est la plus délicate ; permettez-moi d'ajouter que c'est aussi celle qui vous laissera les plus intimes et les plus durables satisfactions. Je serais heureux si j'avais contribué par cette lettre à vous montrer toute l'importance qu'y attache le gouvernement de la République, et si je vous avais décidé à redoubler d'efforts pour préparer à notre pays une génération de bons citoyens.

Recevez, Monsieur l'instituteur, l'expression de ma considération distinguée.

Le Président du Conseil,
Ministre de l'Instruction publique et des Beaux-Arts,

Jules FERRY.

IMPRIMERIE CENTRALE DES CHEMINS DE FER. — IMPRIMERIE CHAIX.
RUE BERGÈRE, 20, PARIS. — 7800-7.

Fascicule n° 9 :

Projet d'instruction pour l'installation d'écoles enfantines modèles, présenté à M. le Ministre au nom de la *Société des écoles enfantines*. Une brochure in-8°, imprimée à l'Imprimerie nationale. Prix. **0ᶠ 50**

Fascicule n° 10 :

Le projet de loi sur l'organisation de l'enseignement primaire (1886), recueil de documents parlementaires relatifs à la discussion de cette loi au Sénat (première délibération). Un fort volume in-8° de 526 pages, imprimé à l'Imprimerie des Journaux officiels. Prix . . . . **3ᶠ »**

Fascicule n° 11 :

Le projet de loi sur l'organisation de l'enseignement primaire (1886), recueil de documents parlementaires relatifs à la discussion de cette loi au Sénat (deuxième délibération). Un volume in-8° de 391 pages, imprimé à l'Imprimerie des Journaux officiels. Prix. . . . **2ᶠ ,**

Fascicule n° 12 :

La philosophie et l'éducation, *influence des vicissitudes de la pensée philosophique sur l'enseignement public en France;* conférences faites aux élèves de l'Ecole normale de Fontenay-aux-Roses, par M. *Georges Lyon,* professeur de philosophie au lycée Henri IV. Une brochure in-8° de 64 pages. Prix **0ᶠ 80**

Fascicule n° 13 :

Conférence sur l'histoire de l'art et de l'ornement, par M. *Edmond Guillaume.* Un volume in-8° de 136 pages, illustré de nombreuses gravures. Prix . . . . **3ᶠ »**

Fascicule n° 14 :

De l'enseignement manuel et professionnel en Allemagne et dans les pays du Nord, par MM. *G. Salicis* et *G. Jost.* Un volume in-8° de 104 pages. Prix **1ᶠ 50**

Fascicule n° 15 :

Les boursiers de l'enseignement primaire à l'étranger *(sous presse).*

Fascicule n° 16 :

Écoles d'enseignement primaire supérieur, historique et législation. Une brochure in-8° de 80 pages, imprimée à l'Imprimerie nationale. Prix **0ᶠ 75**

Fascicule n° 17 :

L'Instruction publique à l'Exposition universelle de la Nouvelle-Orléans, rapport présenté à M. le ministre de l'Instruction publique et des Beaux-Arts, par M. *B. Buisson,* commissaire de la section française d'éducation à cette Exposition. Un volume in-8° de 295 pages. Prix . . . . **3ᶠ »**

Fascicule n° 18 :

Le projet de loi sur l'organisation de l'enseignement primaire (1886), recueil de documents parlementaires relatifs à la discussion de cette loi à la Chambre des députés (session extraordinaire de 1886). Un volume in-8° de 308 pages, imprimé à l'Imprimerie des Journaux officiels. Prix **1ᶠ 75**

Fascicule n° 19 :

Les colonies de vacances, mémoire historique et statistique, par M. *W. Bion*, pasteur à Zurich ; suivi d'éclaircissements sur l'œuvre des colonies de vacances en France et à l'étranger, et précédé d'une préface par M. *Francisque Sarcey.* Une brochure in-8° de 48 pages. Prix . .   **1f »**

Fascicule n° 20 :

Règlements organiques de l'enseignement primaire (session de décembre 1886-janvier 1887 du Conseil supérieur de l'instruction publique). Un volume in-8° de 430 pages, imprimé à l'Imprimerie nationale. Prix . . . . **1f »**

Fascicule n° 21 :

Catalogue des bibliothèques scolaires (sous presse).

Fascicule n° 22 :

Catalogue des bibliothèques pédagogiques (sous presse).

Fascicule n° 23 :

Catalogue des lectures récréatives pour les veillées de l'école et de la famille (sous presse).

Fascicule n° 24 :

Catalogue des périodiques scolaires de tous les pays (sous presse).

Fascicule n° 25 :

Résumé du répertoire des ouvrages pédagogiques du XVIe siècle (sous presse).

Fascicule n° 26 :

Le phonétisme au Congrès de Stockholm en 1886, rapport présenté au ministre de l'instruction publique par M. *Paul Passy.* Une brochure in-8° de 40 pages. Prix **0f 80**

Fascicule n° 27 :

Règlements relatifs à la création et à l'installation des écoles publiques (sous presse).

Fascicule n° 28 :

Pestalozzi élève de J.-J. Rousseau, par M. *F. Hérisson.* Un volume in-8° de 250 pages. Prix. **3f 50**

Fascicule n° 29 :

Le certificat d'aptitude pédagogique (sous presse).

Fascicule n° 30 :

Le certificat d'études primaires supérieures (sous presse).

Fascicule n° 31 :

La bibliothèque circulante du Musée pédagogique. Une brochure in-8° de 14 pages, imprimée à l'Imprimerie nationale. Prix. **0f 50**

Fascicule n° 32 :

Les bibliothèques des écoles normales d'instituteurs et d'institutrices (sous presse).

IMPRIMERIE CENTRALE DES CHEMINS DE FER. — IMPRIMERIE CHAIX, RUE BERGÈRE. 20, PARIS. — 7802-7.